C0-DKN-586

Amharic Alphabet Lessons

Reading and Writing Practices with Pictures

የአማርኛ ፊደል መማሪያ

Content and Illustration by

Salem Melaku Hailu

Copyright © 2020 Salem Melaku Hailu

All rights reserved.

No part of this publication may be reproduced or distributed without the prior written permission of the creator.

መግቢያ

የአማርኛ ፊደሎች ቁጥራቸው ብዙ በመሆኑ ለመማር አስቸጋሪ ሊመስሉ ይችላሉ። የዚህ መጽሐፍ ዓላማ ፊደሎቹን በስዕል በማስደገፍ ትምህርቱን ማቅለልና አይረሴ ማድረግ ነው። መጽሐፉ ሕፃናትን ጨምሮ በማንኛውም ዕድሜ ክልል ውስጥ ለሚገኙ ጀማሪ የአማርኛ ፊደል ተማሪዎች ታስቦ የተዘጋጀ ነው። ፊደሎቹን ያካተቱ ቃላትም ከፊደሎቹ አጠገብ በምሳሌነት ተቀምጠዋል። ትምህርቱ የተሟላ እንዲሆን የፅሑፍ መለማመጃና የማጠናከሪያ መልመጃ ጥያቄዎችም ተካተዋል። ምናልባትም በውጪ ሀገር የሚኖሩ ጀማሪ ኢትዮጵያውያን ተማሪዎች እንዳይቸገሩ የአማርኛ ፊደሎቹ አነባበብ (pronunciation guide) ከእያንዳንዱ ፊደል ስር በእንግሊዝኛ ፊደል ተቀምጧል። ፊደሎቹ ሲነበቡ በድምጽ ለመስማት ቢያስፈልግ ይህንን ሊንክ በመጠቀም (https://www.youtube.com/watch?v=NfeecbEI5HE) ለአማርኛ ፊደል ማስተማርያነት የተዘጋጁትን ቪዲዮዎችን መመልከት ይጠቅማል።

መጽሐፉ ጠቃሚ እንደሚሆን በማመን መልካም የትምህርት ጊዜ ለተጠቃሚዎች ሁሉ እመኛለሁ።

በሳሌም መላኩ ኃይሉ
ነሐሴ 2012 ዓመተ ምህረት

ሀ

ሀ	ሁ	ሂ	ሃ	ሄ	ህ	ሆ
ha	hoo	hee	ha	hey	hiy	ho

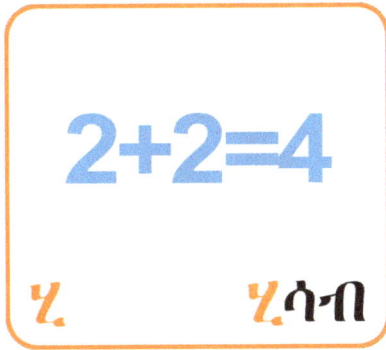

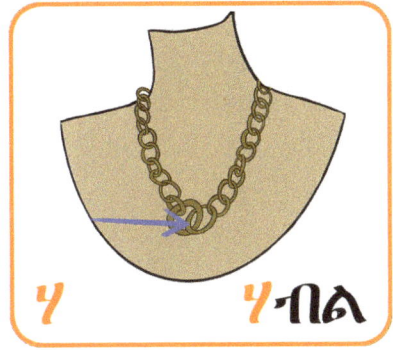

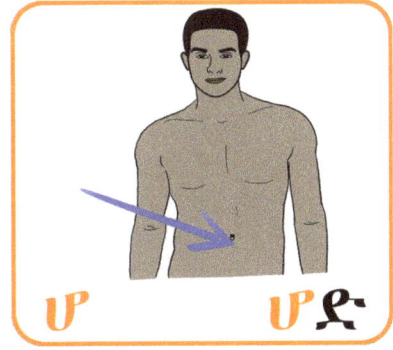

ሀ · · · ·ውሀ

2

ሁ · · · ·ሁለት

2+2=4

ሂ · · · ·ሂሳብ

ሃ · · · ·ሃብል

ሄ · · · ·ሄደ

ህ · · · ·አህያ

ሆ · · · ·ሆድ

የፊደል ሀ ዝርያ መጠሪያቸው ውስጥ የሚገኝባቸውን ስዕሎች ምረጡ

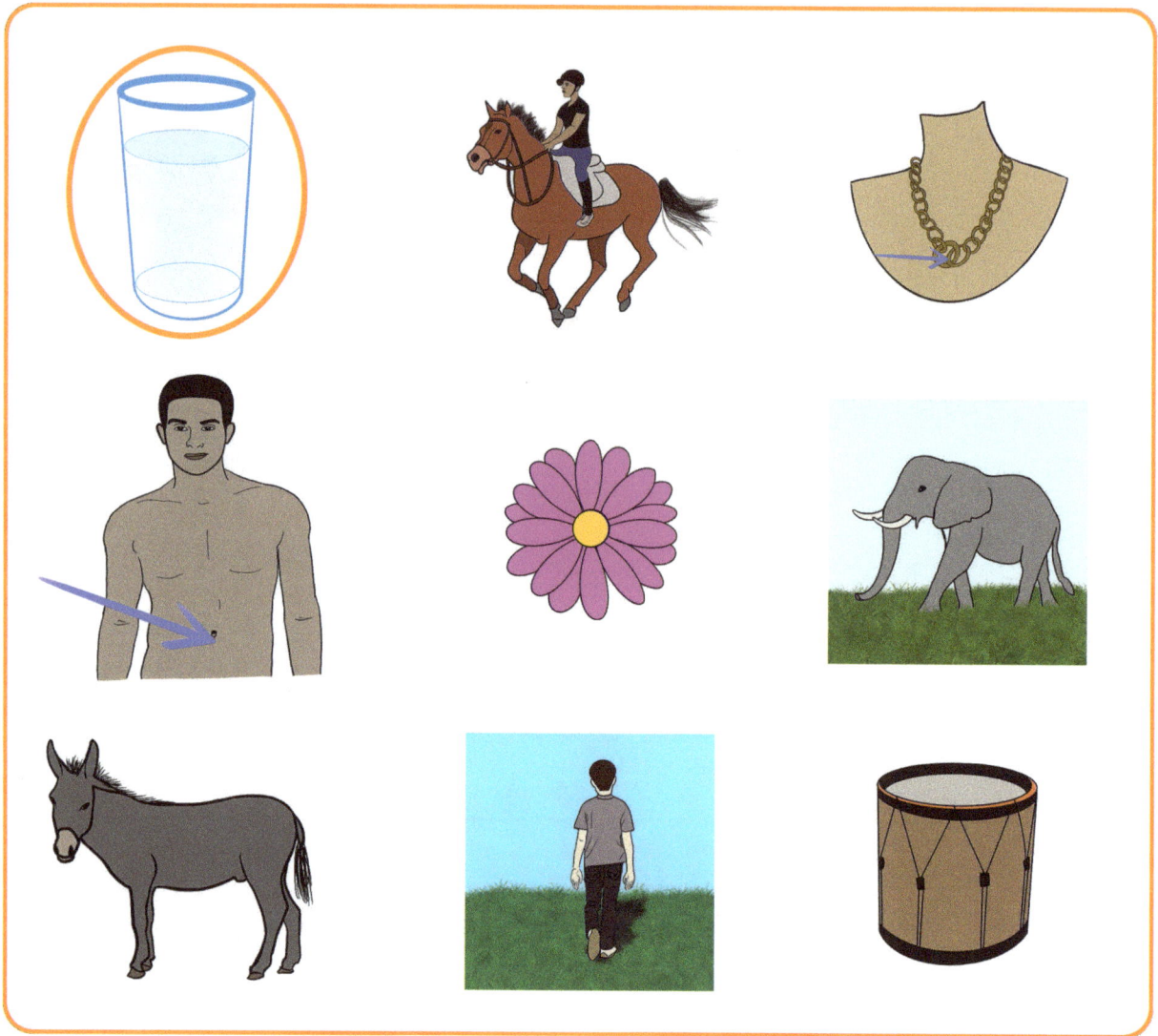

ነጠብጣቦቹን ተከትላችሁ ፊደል ሀን መጻፍ ተለማመዱ

ሀ ሁ ሂ ሃ ሄ ህ ሆ

ሀ ሁ ሂ ሃ ሄ ህ ሆ

ሀ ሁ ሂ ሃ ሄ ህ ሆ

ለ

ለ ሉ ሊ ላ ሌ ል ሎ

le   loo   lee   la   ley   liy   lo

ለ   ለጋ

ሉ   ሉል

ሊ   እንሽላሊት

ላ   ላም

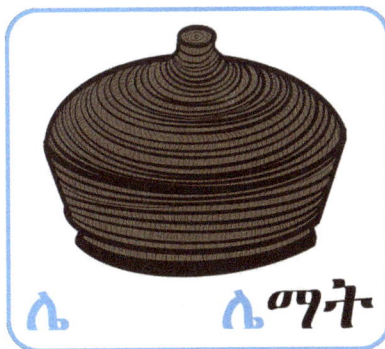

ሌ   ሌማት

ል   ልጆች

ሎ   ሎሚ

የጎደሉትን ፊደሎች በባዶው ቦታ ላይ ጻፉ

ሎ ሚ ___ማት እንሽላ___ት ___ል

___ጆች ___ጋ ___ም

ነጠብጣቦቹን ተከትላችሁ ፊደል ለን መጻፍ ተለማመዱ

ለ ሉ ሊ ላ ሌ ል ሎ

ለ ሉ ሊ ላ ሌ ል ሎ

ለ ሉ ሊ ላ ሌ ል ሎ

ሐ

ሐ	ሑ	ሒ	ሓ	ሔ	ሕ	ሖ
ha	hoo	hee	ha	hey	hiy	ho

ሐ ሐገር

2

ሑ ሑለት

3+3=6

ሒ ሒሳብ

ሓ ውሓ

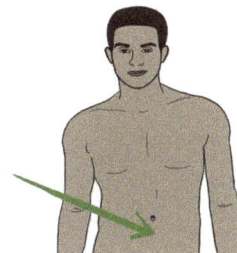

ሔ ሔደ

ሕ ሕፃን

ሖ ሖድ

የስዕሎቹን ትክክለኛ መጠሪያ አክብቡ

ሕፃን
ሌማት

ልጆች
ሐገር

ሀብል
ውሓ

3+3=6

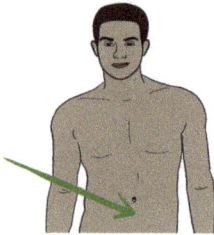

ሒሳብ
ለጋ

ሳም
ሖድ

ሆድ
ሔደ

2

ሑለት
አሀያ

ነጠብጣቦቹን ተከትላችሁ ፊደል ሐን መጻፍ ተለማመዱ

ሐ ሑ ሒ ሓ ሔ ሕ ሖ

ሐ ሑ ሒ ሓ ሔ ሕ ሖ

ሐ ሑ ሒ ሓ ሔ ሕ ሖ

መ

መ   ሙ   ሚ   ማ   ሜ   ም   ሞ

me   moo   mee   ma   mey   miy   mo

መ   መነጽር

ሙ   ሙዝ

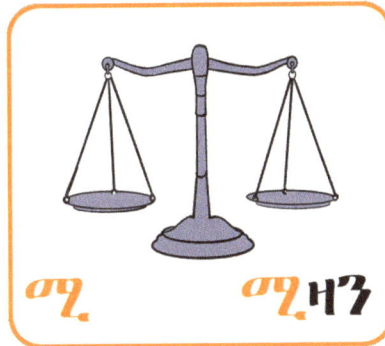

ሚ   ሚዛን

ማ   ማንጎ

ሜ   ሜዳ

ም   ምስማር

ሞ   ሞላ

የስዕሎቹን መጠሪያ ከተሰጡት ቃላት ውስጥ ፈልጋችሁ ቁጥራቸውን ሳጥኑ ውስጥ ጻፉ

1. መነጽር
2. ሕፃን
3. ሙዝ
4. ሚዛን
5. ሐገር
6. ማንጎ
7. ሎሚ
8. ሜዳ
9. ምስማር
10. አህያ
11. ላም
12. ሞላ

1

ነጠብጣቦቹን ተከትላችሁ ፊደል መን መጻፍ ተለማመዱ

መ ሙ ሚ ማ ሜ ም ሞ

መ ሙ ሚ ማ ሜ ም ሞ

መ ሙ ሚ ማ ሜ ም ሞ

ሠ

ሠ ሡ ሢ ሣ ሤ ሥ ሦ

se soo see sa sey siy so

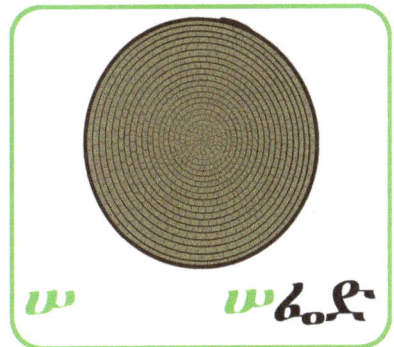

ሠ ሠፌድ

ሡ ሡፍ

ሢ ሢባጎ

ሣ ሣጥን

ሤ ሤት

ሥ ንጉሥ

ሦ ሦፋ

የስዕሎቹን መጠሪያ መስመሩ ላይ ጻፉ

_____

_____

_____

_____

_____   _ሠፊ፦ድ_

_____

_____

ነጠብጣቦቹን ተከትላችሁ ፊደል ሠን መጽፍ ተለማመዱ

ሠ ሠ ሠ ሠ ሠ ሠ ሠ

ሠ ሠ ሠ ሠ ሠ ሠ ሠ

ሠ ሠ ሠ ሠ ሠ ሠ ሠ

ረ

ረ ሩ ሪ ራ ሬ ር ሮ

re roo ree ra rey riy ro

ረ ጠረጴዛ

ሩ ሩጫ

ሪ ሱሪ

ራ ተራራ

ሬ በሬ

ር ርግብ

ሮ ሮማን

ቀጥሎ የሚመጣውን ፊደል ጻፉ

ሀ	ሁ ____	ሐ ____
መ ____		ሌ ____
ሢ ____		ማ ____
ህ ____		ም ____
ሉ ____		ሠ ____
ላ ____		ሦ ____

ነጠብጣቦቹን ተከትላችሁ ፊደል ሬን መጻፍ ተለማመዱ

ሬ ሬ ሬ ሬ ሬ ር ር

ሬ ሬ ሬ ሬ ሬ ር ር

ሬ ሬ ሬ ሬ ሬ ር ር

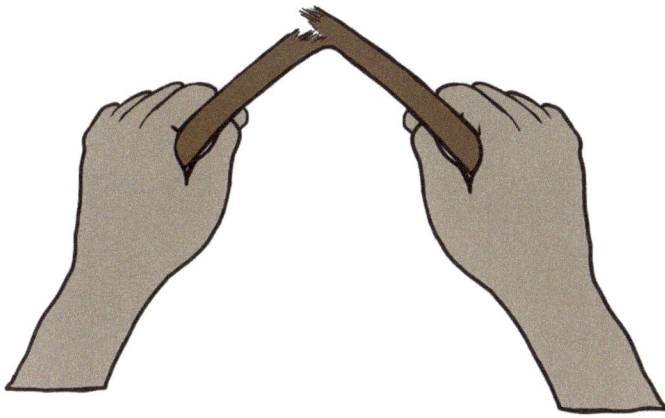

ሰ

ሰ ሱ ሲ ሳ ሴ ስ ሶ
se soo see sa sey siy so

ሰ   ሰበረ

ሱ   ሱፍ

ሲ   ካልሲ

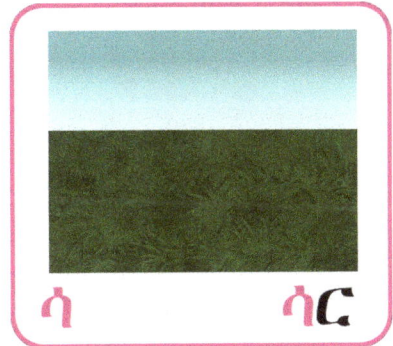
ሳ   ሳር

ሴ   ሴት

ስ   ስኒ

ሶ   አንሶላ

የፊደል ሰ ዝርያ መጠሪያቸው ውስጥ የሚገኝባቸውን
ስዕሎች አክብቡ

ነጠብጣቦቹን ተከትላችሁ ፊደል ሰን መጻፍ ተለማመዱ

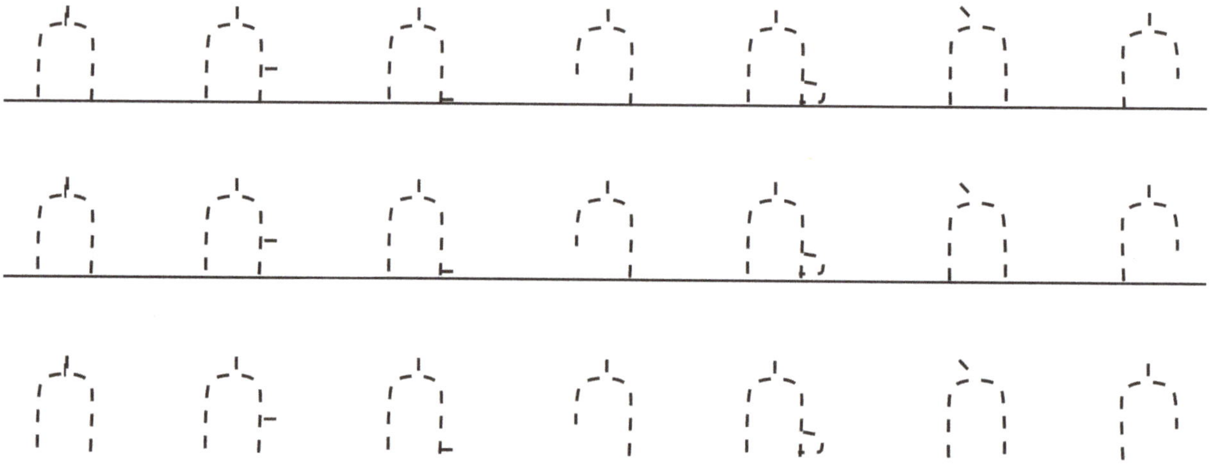

ሸ

ሸ ሹ ሺ ሻ ሼ ሽ ሾ

she shoo shee sha shey shiy sho

ሸ ሸሚዝ

ሹ ሹሩባ

1000

ሺ ሺህ

ሻ ሻማ

ሼ ሼክ

ሽ ሽንኩርት

ሾ እሾህ

ከተዘረዘሩት ቃላት ውስጥ የስዕሎቹን መጠሪያ ፈልጋችሁ በባዶው ቦታ ላይ ጻፉ

አህያ ______ ______ ______ ______ ______

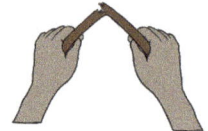

______ ______ ______ ______ ______

ሸንኩርት ሄደ ሌማት ሸሚዝ ሒሳብ ሙዝ ሹሩባ
ምስማር እሾህ ጠረጴዛ ስኒ ሺህ ሻማ ሁብል ሄደ ሆድ
ሹሩባ እንሽላሊት ልጆች ሕፃን መነጽር ሞላ ሚባጎ
ሺህ ንጉሥ ተራራ ሼክ ርግብ ሰበረ ሻማ ሴት አህያ

ነጠብጣቦቹን ተከትላችሁ ፊደል ሸን መጻፍ ተለማመዱ

ሸ ሹ ሺ ሻ ሼ ሽ ሾ

ሸ ሹ ሺ ሻ ሼ ሽ ሾ

ሸ ሹ ሺ ሻ ሼ ሽ ሾ

ቀ

ቀ	ቁ	ቂ	ቃ	ቄ	ቅ	ቆ
qe	qoo	qee	qa	qey	qiy	qo

ቀ ቀጭኔ

ቁ ቁልፍ

ቂ ቂጣ

ቃ ቃርያ

ቄ ቄስ

ቅ ቅርንጫፍ

ቆ ቆብ

የጎደሉትን የቀ ዝርያ ፊደሎች በባዶው ቦታ ላይ ጻፉ

__ቀ__ ጭኔ

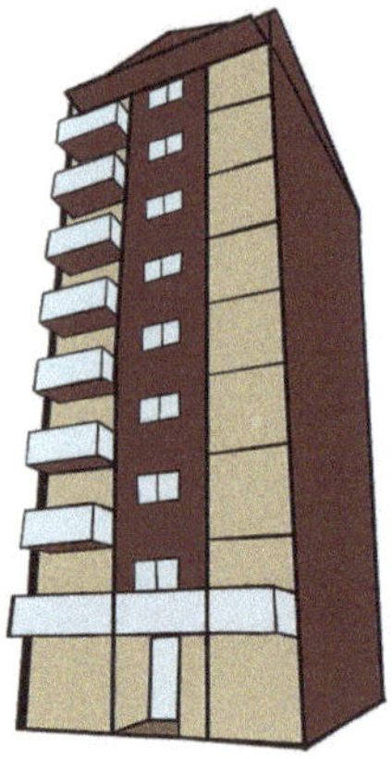

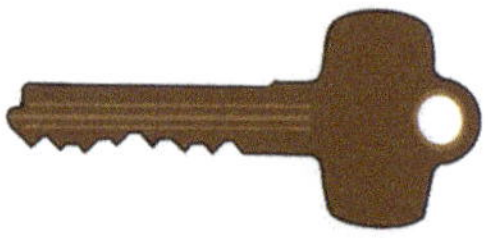

ፎ____

ኃይ____

____ልፍ

____ርያ

____ስ

ኅብረ____ለም

ጨረ____

____ጣ

ነጠብጣቦቹን ተከትላችሁ ፊደል ቀን መጻፍ ተለማመዱ

ቀ ቁ ቂ ቃ ቄ ቅ ቆ

ቀ ቁ ቂ ቃ ቄ ቅ ቆ

ቀ ቁ ቂ ቃ ቄ ቅ ቆ

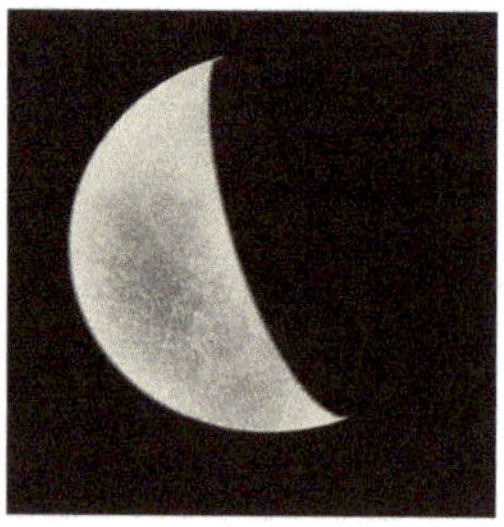

በ

በ ቡ ቢ ባ ቤ ብ ቦ
be boo bee ba bey biy bo

በ   በር

ቡ   ቡና

ቢ   ቢላዋ

ባ   ባርኔጣ

ቤ   ቤት

ብ   ብርጭቆ

ቦ   ቦርሳ

ስዕሉን ከትክክለኛው ቃል ጋር አዛምዱ

ማንጎ	ሠፌድ	እሾህ	ሀብል	ለጋ
ሮማን	ባርኔጣ	ቃርያ	ቦርሳ	በር

ነጠብጣቦቹን ተከትላችሁ ፊደል በን መጻፍ ተለማመዱ

ተ

ተ ቱ ቲ ታ ቴ ት ቶ

te too tee ta tey tiy to

ተ ተማሪ

ቱ ቱባ

ቲ ቲማቲም

ታ ታክሲ

ቴ ቴሌቪዥን

ት

ትምህርት ቤት

ቶ ቶፉ

ከተሰጠው ስዕል ጋር የሚስማማውን ቃል አክብቡ

ላም
ሦፋ

ቁልፍ
ቲማቲም

ቦርሳ
ቶፋ

ሉል
ሹሩባ

ቃርያ
ቱባ

ታክሲ
ቤት

ባርኔጣ
ሚዛን

ጠረጴዛ
ተራራ

ማንጎ
ስኒ

ሌማት
አንሶላ

ነጠብጣቦቹን ተከትላችሁ ፊደል ተን መጻፍ ተለማመዱ

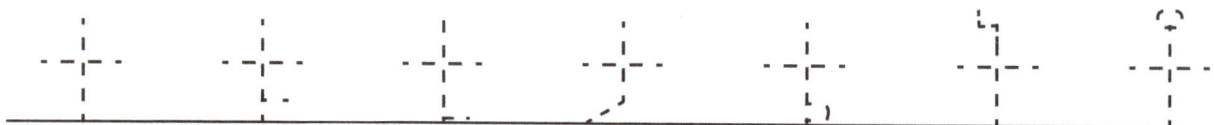

ቸ

ቸ ቹ ቺ ቻ ቼ ች ቾ

che choo chee cha chey chiy cho

ቸ   ጥንቸል

ቹ   *ቹቹ

ቺ   አንቺ

ቻ   መክፈቻ

ቼ   ቼፈረሴ

ች   ችግኝ

ቾ   ቾክ

* ቹቹ መጠሪያ ስም ነው

23

ፊደሎቹን በትክክለኛ ቅደም ተከተላቸው ጻፉ

ቃ ቀ ቆ ቁ ቄ ቂ ቅ

___ ___ ___ ___ ___ ___ ___

ሳ ሲ ስ ሱ ሰ ሶ ሴ

___ ___ ___ ___ ___ ___ ___

ሢ ሤ ሠ ሥ ሡ ሦ ሣ

___ ___ ___ ___ ___ ___ ___

ነጠብጣቦቹን ተከትላችሁ ፊደል ቸን መጻፍ ተለማመዱ

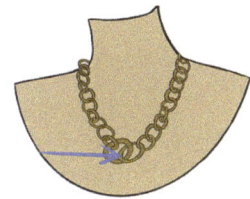

ኀ

ኀ ኁ ኂ ኃ ኄ ኅ ኆ

ha hoo hee ha hey hiy ho

ኀ ኀብል

2

ኁ ኁለት

3+3=6

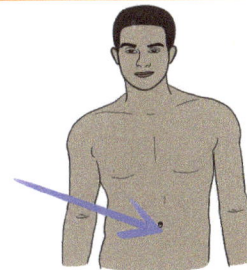

ኂ ኂሳብ

ኃ ኃይቅ

ኄ ኄሊኮፕተር

ኅ ኅብረቀለም

ኆ ኆድ

ከተሰጠው ቃል ጋር የሚስማማውን ስዕል አክብቡ

ላም
ንጉሥ
ታክሲ
ቁልፍ
ሞላ
ሹሩባ
ኀብረቀለም
ኃይቅ
ካልሲ
ሮማን

ነጠብጣቦቹን ተከትላችሁ ፊደል ኀን መጻፍ ተለማመዱ

ኀ ኁ ኂ ኃ ኄ ኅ ኆ

ኀ ኁ ኂ ኃ ኄ ኅ ኆ

ኀ ኁ ኂ ኃ ኄ ኅ ኆ

ነ

ነ ኑ ኒ ና ኔ ን ኖ

ne noo nee na ney niy no

ነ ነብር

ኑ *ኩኑ

ኒ ስኒ

ና ጎዳና

ኔ ዋኔ

ን ንብ

ኖ መኖርያ

* ኩኑ መጠሪያ ስም ነው

የጎደሉትን የነ ዝርያ ፊደሎች በባዶው ቦታ ላይ ጻፉ

_ን_ጉሥ

ጎዳ___

___ብ

___ብር

ቡ___

እ___ሽላሊት

ዋ___

መ___ጽር

ቀጭ___

ሕፃ___

መ___ርያ

ስ___

ነጠብጣቦቹን ተከትላችሁ ፊደል ነን መጻፍ ተለማመዱ

ነ ኑ ኒ ና ኔ ን ኖ

ነ ኑ ኒ ና ኔ ን ኖ

ነ ኑ ኒ ና ኔ ን ኖ

ኘ

ኘ ኙ ኚ ኛ ኜ ኝ ኞ

gne gnoo gnee gna gney gniy gno

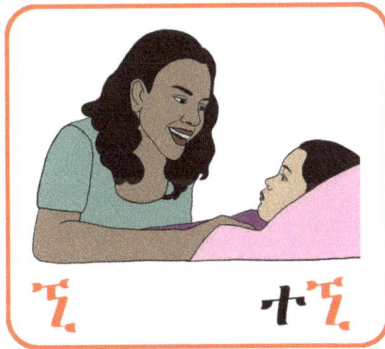

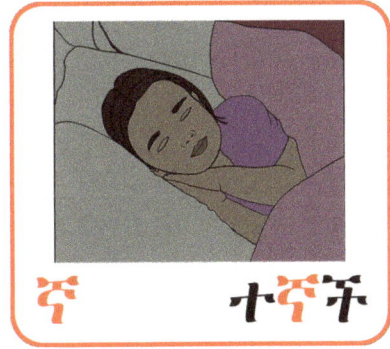

ኘ ዋኘች

ኙ ዋኙ

ኚ ተኚ

ኛ ተኛች

ኜ *ተናኜ

ኝ ችግኝ

ኞ ዳኞች

* ተናኜ መጠሪያ ስም ነው

የስዕሉን ትክክለኛ መጠሪያ ምረጡ

ነብር
ችግኝ

ስኒ
ዋኘች

ንብ
ተናኜ

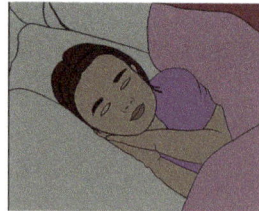

መኖርያ
ተኛች

ጎዳና
ዋኙ

ዋኔ
ተናኜ

ኩኑ
ዳኞች

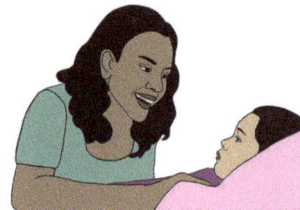

ስኒ
ተኚ

ነጠብጣቦቹን ተከትላችሁ ፊደል ኘን መጻፍ ተለማመዱ

ኘ ኙ ኚ ኛ ኜ ኝ ኞ

ኘ ኙ ኚ ኛ ኜ ኝ ኞ

ኘ ኙ ኚ ኛ ኜ ኝ ኞ

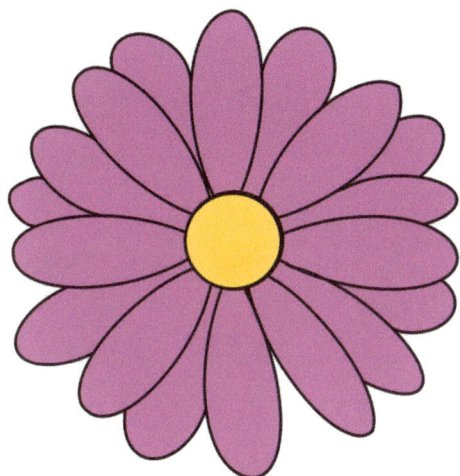

አ

አ ኡ ኢ ኣ ኤ እ ኦ

a oo ee a ey iy o

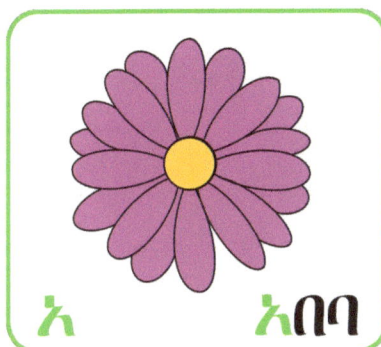

አ አበባ

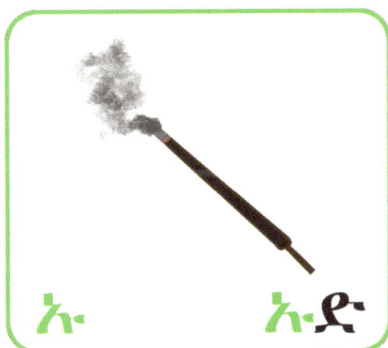

ኡ ኡድ

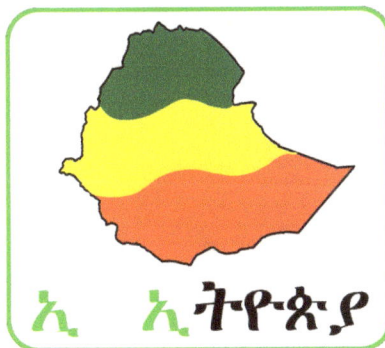

ኢ ኢትዮጵያ

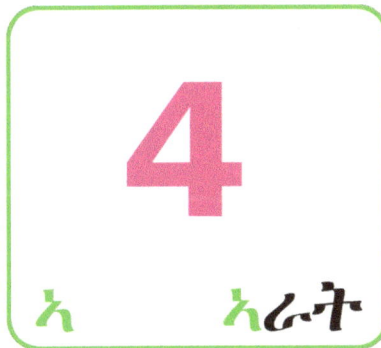

4

ኣ ኣራት

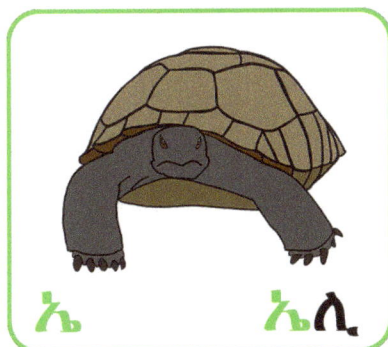

ኤ ኤሊ

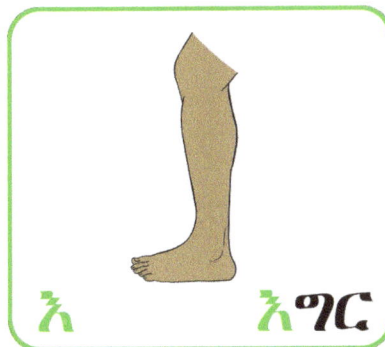

እ እግር

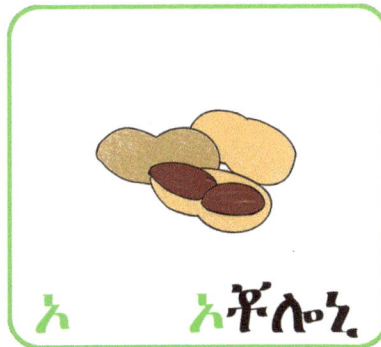

ኦ ኦቾሎኒ

መ ___ ሚ ማ ___ ም ሞ ___

በ ቡ ___ ባ ቤ ___ ቦ

ቸ ___ ቺ ___ ቼ ___ ቿ

ነ ኑ ___ ና ___ ን ኖ

___ ሁ ሂ ___ ሄ ህ ___

ነጠብጣቦቹን ተከትላችሁ ፊደል አን መጻፍ ተለማመዱ

ከ

ከ ኩ ኪ ካ ኬ ክ ኮ

ke koo kee ka key kiy ko

ከ ከበሮ

ኩ ሽንኩርት

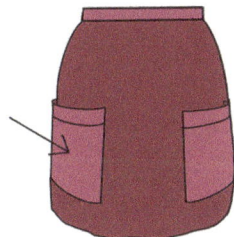

ኪ ኪስ

ካ ካባ

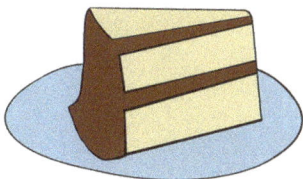

ኬ ኬክ

ክ ክብሪት

ኮ ኮት

ከቃላቱ ጋር የሚስማሙትን ስዕሎች ፈልጋችሁ ቁጥራቸውን በባዶው ቦታ ላይ ጻፉ

ክብሪት 14 ኣራት____ አበባ____ ሽንኩርት____

ኡድ____ ኪስ____ እግር____ ኬክ____ ኢትዮጵያ____

ከበሮ____ ኤሊ____ ኮት____ ኦቾሎኒ____ ካባ____

1. 4

2. 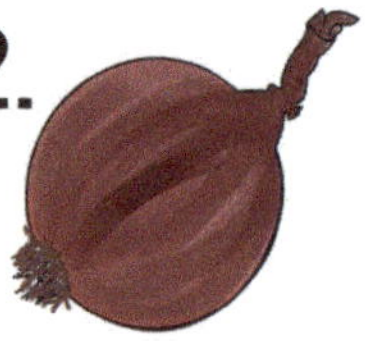

3. 

4. 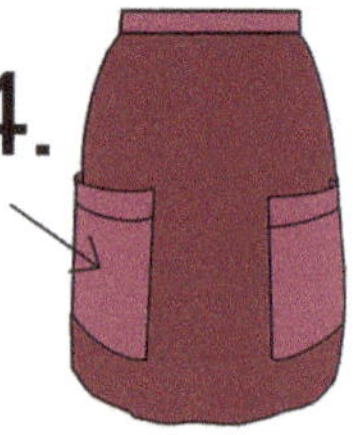

5. 

6. 

7. 

8. 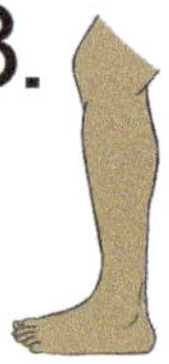

9. 

10. 

11. 

12. 

13. 

14. 

ነጠብጣቦቹን ተከትላችሁ ፊደል ከን መጻፍ ተለማመዱ

ኸ ኹ ኺ ኻ ኼ ኽ ኾ

ኸ ኹ ኺ ኻ ኼ ኽ ኾ

ኸ ኹ ኺ ኻ ኼ ኽ ኾ

ኸ

ኸ ኹ ኺ ኻ ኼ ኽ ኾ

he hoo hee ha hey hiy ho

ኸ መኸር

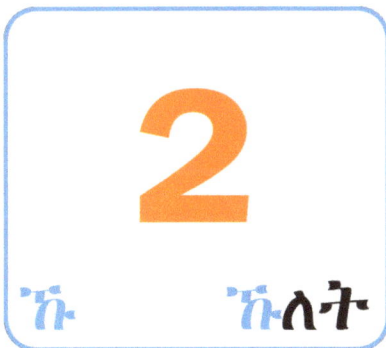

2

ኹ ኹለት

3+3=6

ኺ ኺሳብ

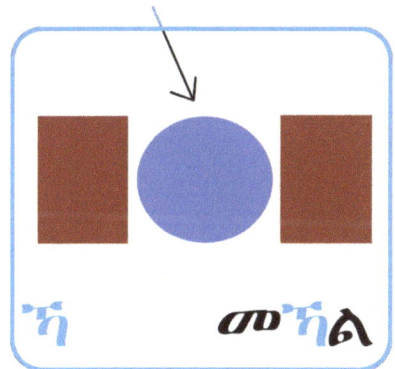

ኻ መኻል

ኼ ኼደ

ኽ እኽል

ኾ ኾምጣጤ

ተመሳሳይ ድምጽ ያላቸውን ፊደሎች አዛምዱ

ኁ	ሄ	ሕ
ኀ	ሀ	ሔ
ኆ	ሁ	ሐ
ኅ	ህ	ሖ
ኃ	ሂ	ሒ
ኄ	ሆ	ሑ
ኂ	ሃ	ሓ

ነጠብጣቦቹን ተከትላችሁ ፊደል ኸን መጻፍ ተለማመዱ

ወ

ወ ዉ ዊ ዋ ዌ ው ዎ

we woo wee wa wey wiy wo

ወ ወንበር

ዉ ዉሻ

ዊ ሰማያዊ

ዋ ዋኔ

ዌ ዥዋዥዌ

ው ውሀ

ዎ ስኒዎች

ከተዘረዘሩት ቃላት ውስጥ የስዕሎቹን ስም ፈልጋችሁ በባዶው ቦታ ላይ ጻፉ

_______ _______ _______ _______

_______ _______ _______ _______

ኾምጣጤ ንብ ስኒዎች ጎዳና

ኄሊኮፕተር ዉሻ ነብር ዋኔ

መኖርያ ኼደ እኽል ወንበር

ነጠብጣቦቹን ተከትላችሁ ፊደል ወን መጻፍ ተለማመዱ

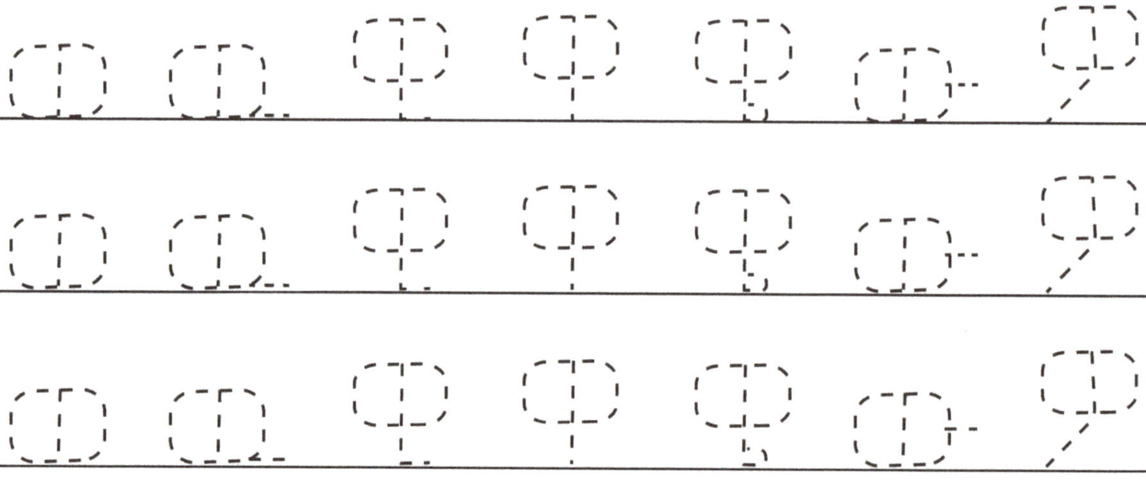

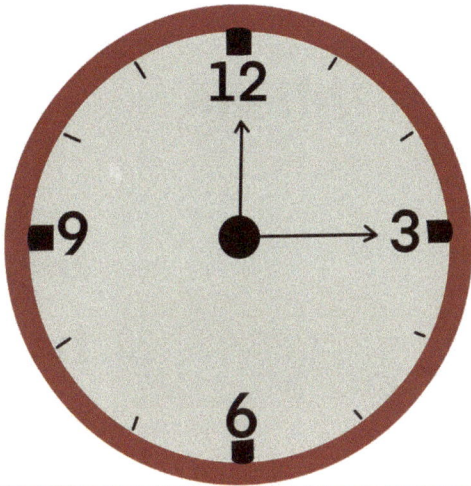

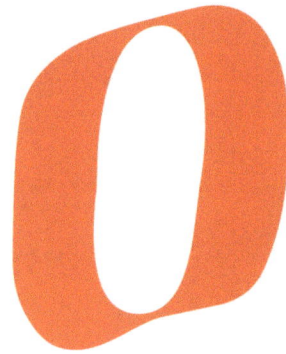

ዐ

ዐ ዑ ዒ ዓ ዔ ዕ ዖ
a oo ee a ey iy o

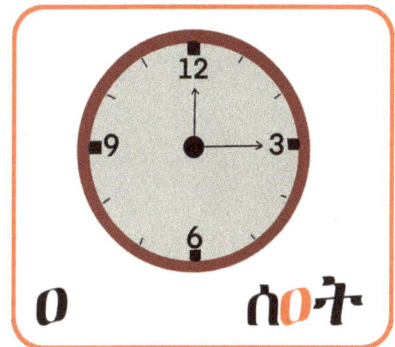

ዐ ሰዐት

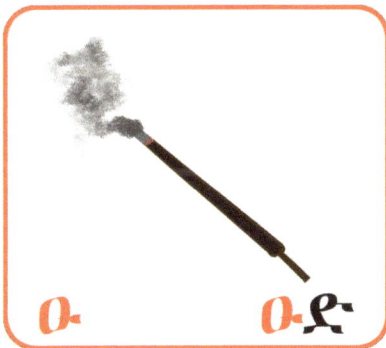

ዑ ዑድ

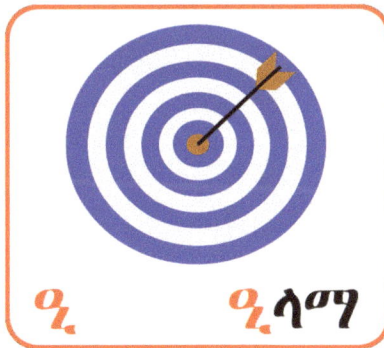

ዒ ዒላማ

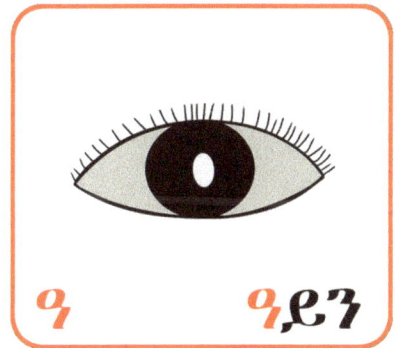

ዓ ዓይን

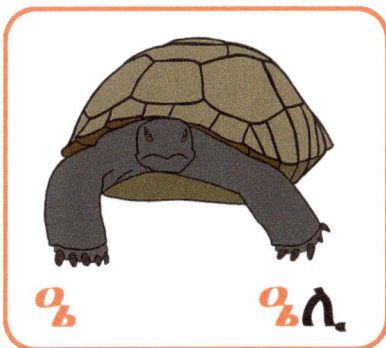

ዔ ዔሊ

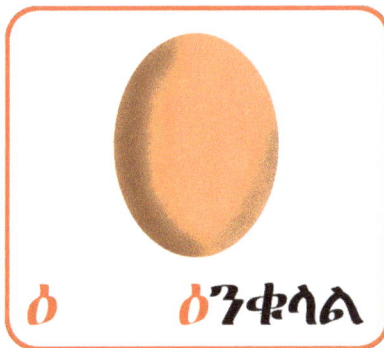

ዕ ዕንቁላል

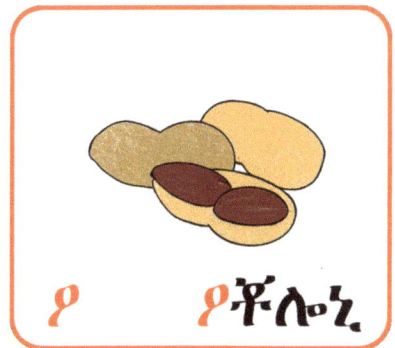

ዖ ዖቾሎኒ

ትክክለኛውን ቃል አክብቡ

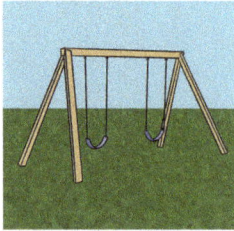

ዥዋዥዌ
ወንበር

መኸር
ከበሮ

ኬክ
ዒላማ

ቃርያ
ባርኔጣ

ዋኘች
ቼ ፈረሴ

እግር
ሰዐት

አበባ
ጎዳና

ሰማያዊ
ክብሪት

ነጠብጣቦቹን ተከትላችሁ ፊደል ዐን መጻፍ ተለማመዱ

ዐ ዑ ዒ ዓ ዔ ዕ ዖ

ዐ ዑ ዒ ዓ ዔ ዕ ዖ

ዐ ዑ ዒ ዓ ዔ ዕ ዖ

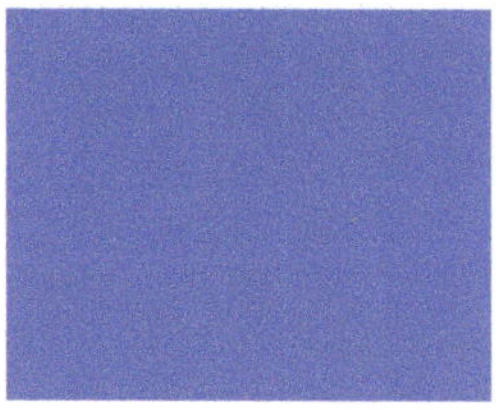

9 ዘ

ዘ ዙ ዚ ዛ ዜ ዝ ዞ
ze zoo zee za zey ziy zo

9	
ዘ	ዘጠኝ

ዙ   ዙፋን

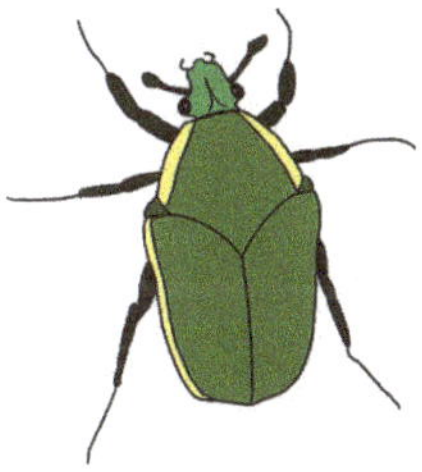

ዚ   ጢንዚዛ

ዛ   ዛፍ

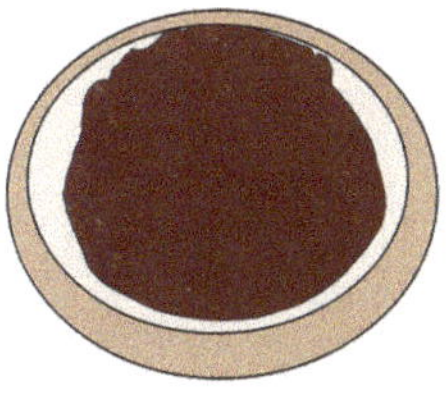

ዜ   አዋዜ

ዝ   ዝሆን

ዞ   አዞ

ቀጥሎ የሚመጣውን ፊደል ጻፉ

ሬ ር	ጠ___
ሹ___	ቃ___
ቢ___	ት___
ቸ___	ና___
ኙ___	ኡ___
ከ___	ዊ___
ዒ___	ዝ___

ነጠብጣቦቹን ተከትላችሁ ፊደል ዘን መጻፍ ተለማመዱ

ዠ

ዠ ዡ ዢ ዣ ዤ ዥ ዦ

zhe zhoo zhee zha zhey zhiy zho

ዠ ተንዠረገገ

*ዡ

ዢ ያዢ

ዣ ዣንጥላ

ዤ ይዤ

ዥ ዥዋዥዌ

*ዦ

* ቃል ያልተገኘለት ፊደል

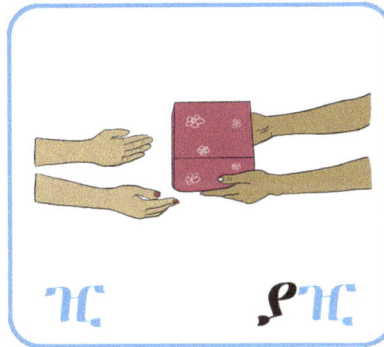

የነዶሉትን ፊደሎች በባዶው ቦታ ላይ ጻፉ

___ሆን

___ማሪ

ተን___ሪገገ

አን___

___ንጥላ

___ፍ

አ___

___ይን

___ፋን

ነጠብጣቦቹን ተከትላችሁ ፊደል ዝን መጻፍ ተለማመዱ

44

የ

የ ዩ ዪ ያ ዬ ይ ዮ

ye yoo yee ya yey yiy yo

የ አየ

ዩ አዩ

ዪ ብዪ

ያ ፓፓያ

ዬ ዳክዬ

ይ ሙዳይ

ዮ መለዮ

የስዕሎቹን መጠሪያ የመጀመሪያ ፊደል ጻፉ

ዔ ______ ______ ______

______ ______ ______

______ ______ ______

______ ______ ______

ነጠብጣቦቹን ተከትላችሁ ፊደል የን መጻፍ ተለማመዱ

ዐ ዑ ዒ ዓ ዔ ዕ ዖ

ዐ ዑ ዒ ዓ ዔ ዕ ዖ

ዐ ዑ ዒ ዓ ዔ ዕ ዖ

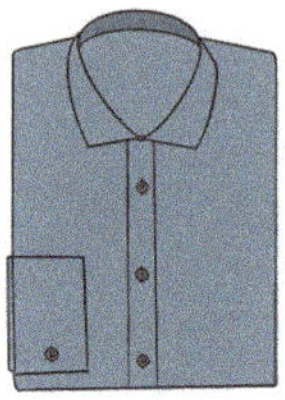

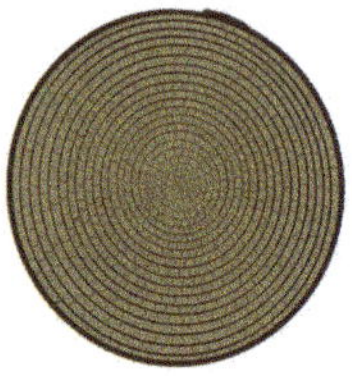

ደ

ደ	ዱ	ዲ	ዳ	ዴ	ድ	ዶ
de	doo	dee	da	dey	diy	do

ደ   ደመና

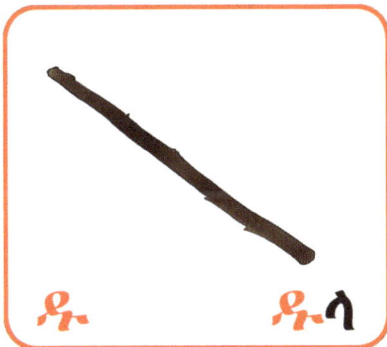

ዱ   ዱላ

ዲ   ዲያቆን

ዳ   ዳቦ

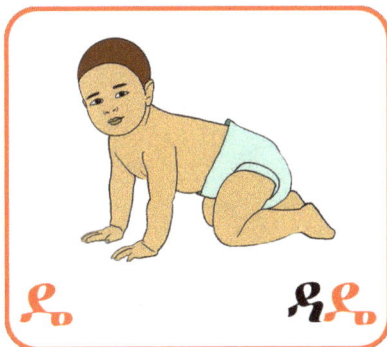

ዴ   ዳዴ

ድ   ድስት

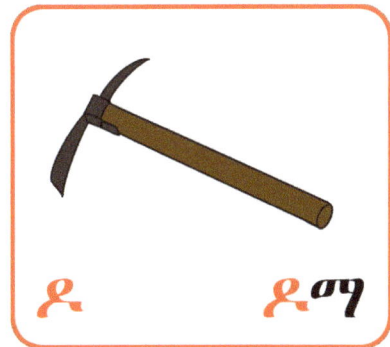

ዶ   ዶማ

የጎደሉትን የደ ዘርያ ፊደሎች በባዶው ቦታ ላይ ጻፉ

ጎ____ና	ሄ____	ሠፌ____	____ክዬ
____ላ	____ስት	____ያቆን	____ቦ
____መና	ሆ____	____ማ	ሜ__

ነጠብጣቦቹን ተከትላችሁ ፊደል ደን መጻፍ ተለማመዱ

ደ ዱ ዲ ዳ ዴ ድ ዶ

ደ ዱ ዲ ዳ ዴ ድ ዶ

ደ ዱ ዲ ዳ ዴ ድ ዶ

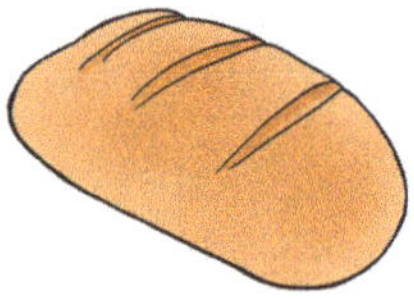

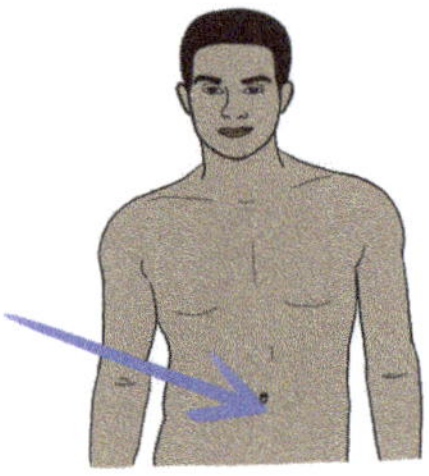

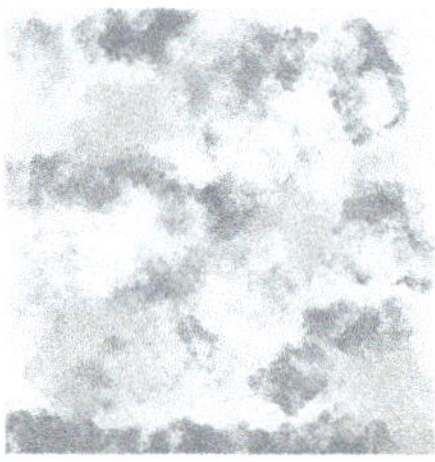

ጀ

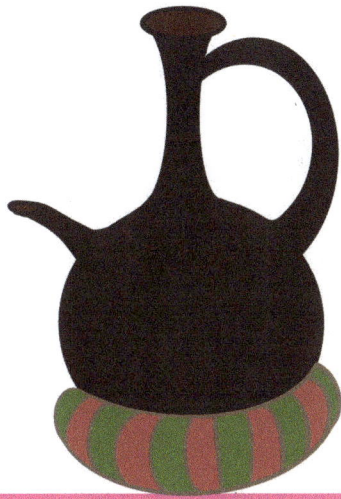

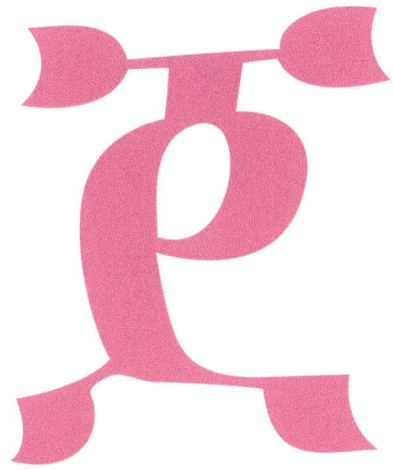

ጀ	ጁ	ጂ	ጃ	ጄ	ጅ	ጆ
je	joo	jee	ja	jey	jiy	jo

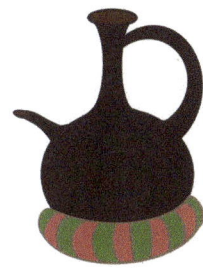

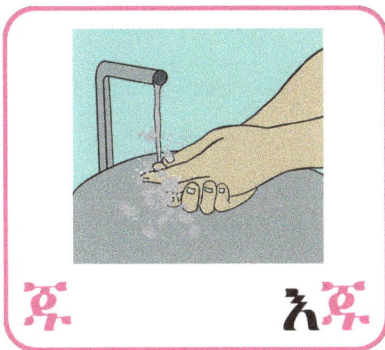

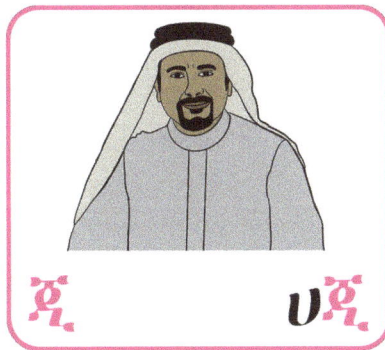

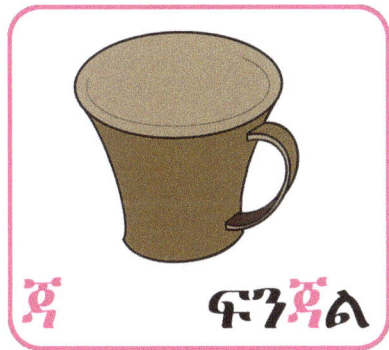

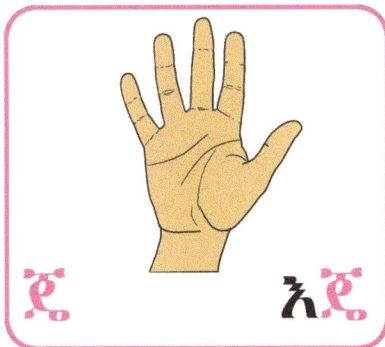

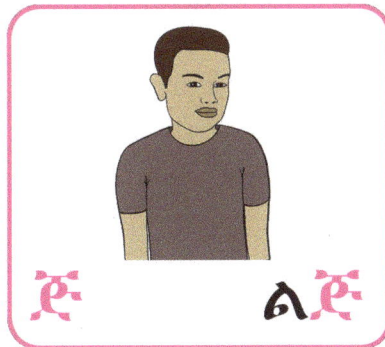

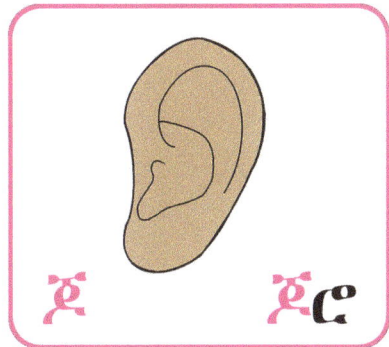

ጁ እጁ

ጂ ሀጂ

ጃ ፍንጃል

ጄ እጄ

ጅ ልጅ

ጆ ጆሮ

ፊደሎቹን በትክክለኛ ቅደም ተከተላቸው አስተካክላችሁ ጻፉ

ኖ ነ ኒ ኔ ኑ ን ና

___ ___ ___ ___ ___ ___ ___

ኪ ክ ከ ኬ ኮ ካ ኩ

___ ___ ___ ___ ___ ___ ___

ው ዊ ዌ ወ ዋ ዎ ዉ

___ ___ ___ ___ ___ ___ ___

ነጠብጣቦቹን ተከትላችሁ ፊደል ጀን መጻፍ ተለማመዱ

ገ

ገ	ጉ	ጊ	ጋ	ጌ	ግ	ጎ
ge	goo	gee	ga	gey	giy	go

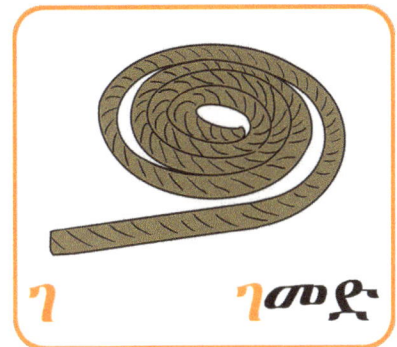

ገ   ገመድ

ጉ   ጉማሬ

ጊ   ጊታር

ጋ   ጋን

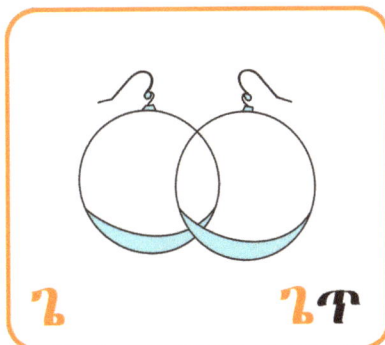

ጌ   ጌጥ

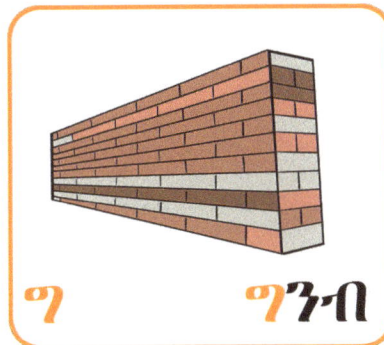

ግ   ግንብ

ጎ   ጎማ

የስዕሉን ትክክለኛ መጠሪያ አክብቡ

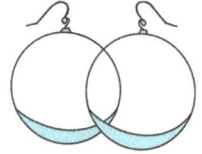

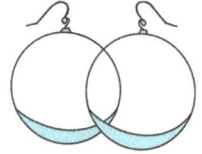

ንጉሥ	ሱሪ	ጠረጴዛ	ሚባጎ	ዋኘች
ሌማት	ጋን	ለጋ	ንብ	ጌጥ

ጉማሬ	ዑድ	ዛፍ	ተንዠረገገ	እግር
አራት	ጊታር	ጎማ	ደመና	ሀጂ

ነጠብጣቦቹን ተከትላችሁ ፊደል ገን መጻፍ ተለማመዱ

ገ ጉ ጊ ጋ ጌ ግ ጎ

ገ ጉ ጊ ጋ ጌ ግ ጎ

ገ ጉ ጊ ጋ ጌ ግ ጎ

ጠ

ጠ ጡ ጢ ጣ ጤ ጥ ጦ

te too tee ta tey tiy to

ጠ ጠፈር

ጡ ጡብ

ጢ ጢንዚዛ

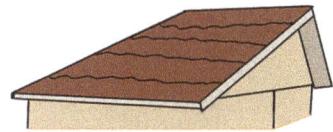

ጣ ጣራ

ጤ ጤናዳም

ጥ ጥጃ

ጦ ጦር

የጎደለውን ፊደል ከዝርዝሩ ውስጥ መርጣችሁ በባዶው ቦታ ላይ ጻፉ

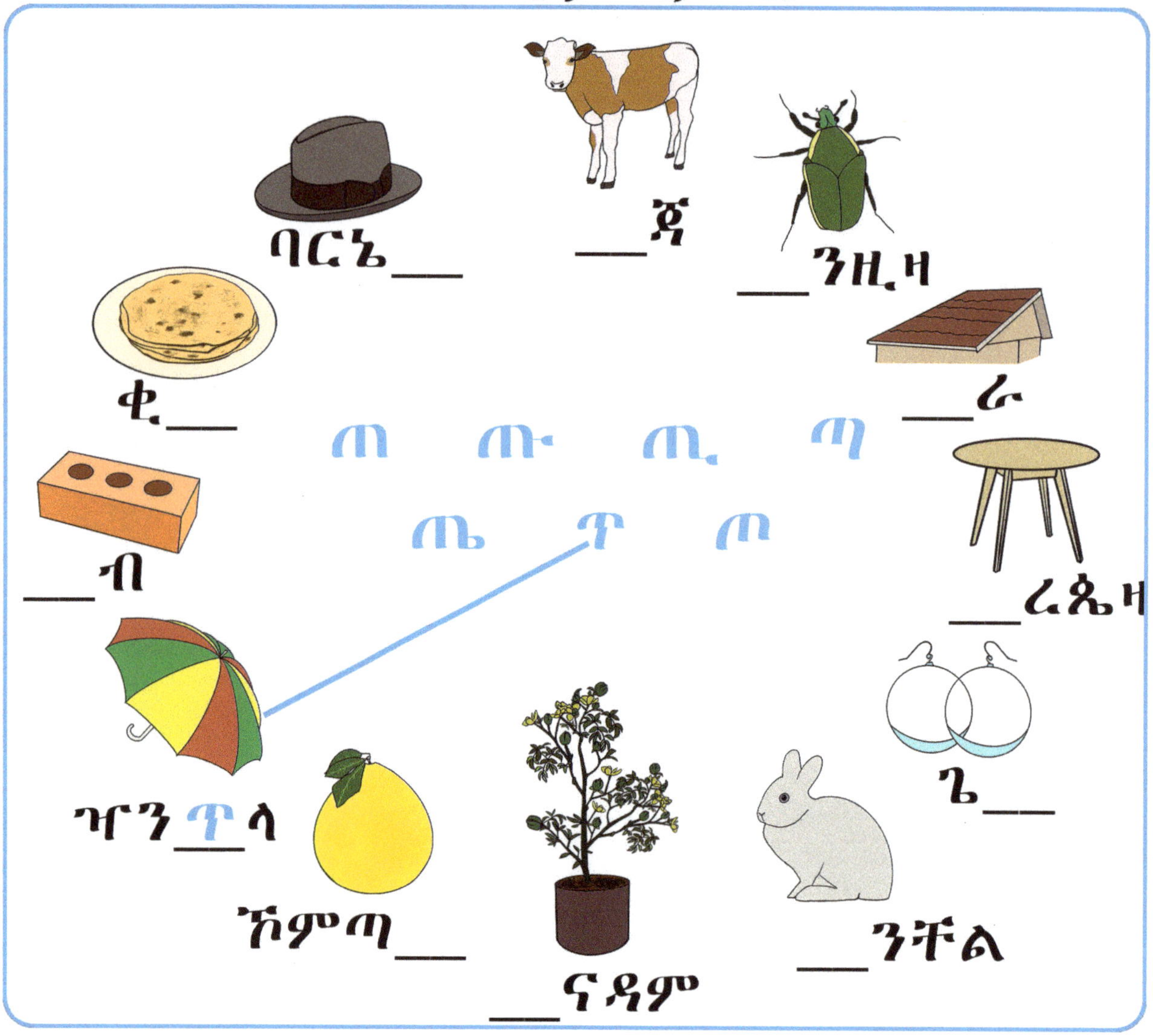

ባርኔ__   __ጃ   __ንዚዛ

ቂ__   __ራ

ጠ ጡ ጢ ጣ

__ብ   ጤ ጥ ጦ   __ሬጴዛ

ዝን_ጥ_ላ   ጌ__

ኸምጣ__   __ናዳም   __ንቸል

ነጠብጣቦቹን ተከትላችሁ ፊደል ጠን መጽፍ ተለማመዱ

ጠ ጠ ጡ ጠ ጠ ጢ ጣ ጠ

ጠ ጠ ጡ ጠ ጠ ጢ ጣ ጠ

ጠ ጠ ጡ ጠ ጠ ጢ ጣ ጠ

ጨ

ጨ ጩ ጪ ጫ ጬ ጭ ጮ

che choo chee cha chey chiy co

ጨ ጨረቃ

ጩ በርጩማ

ጪ ጪስ

ጫ ጫማ

ጬ ተቀምጬ

ጭ ጭራ

ጮ ጮጮ

ከተሰጠው ቃል ጋር የሚስማማውን ስዕል አክብቡ

ብርጭቆ

ጫማ

ሩጫ

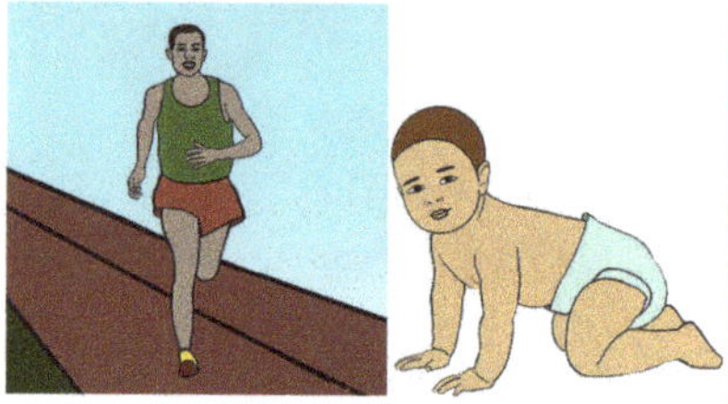

ቅርንጫፍ

እጄ

ቀጭኔ

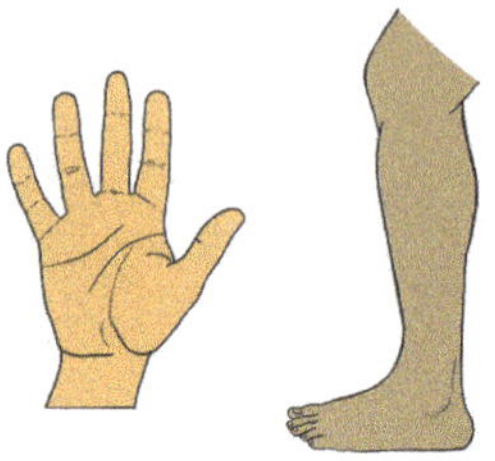

ወንበር

መለዮ

ጀበና

ነጠብጣቦቹን ተከትላችሁ ፊደል ጨን መጻፍ ተለማመዱ

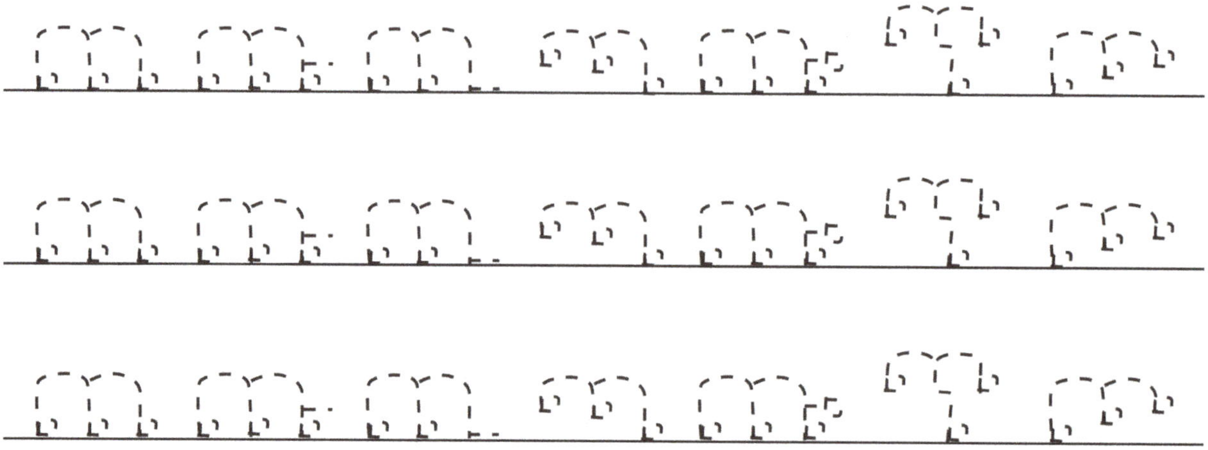

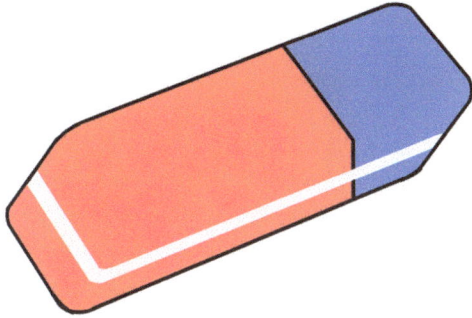

ጰ

ጰ	ጱ	ጲ	ጳ	ጴ	ጵ	ጶ
pe	poo	pee	pa	pey	piy	po

ጰ

*ጰራቅሊጦስ

**ጱ

ጲ ላጲስ

ጳ ጳጳስ

ጴ ጠረጴዛ

ጵ ኢትዮጵያ

ጶ ***ፊሊጶስ

* የበዓል መጠሪያ

** ቃል ያልተገኘለት ፊደል

*** ፊሊጶስ መጠሪያ ስም ነው

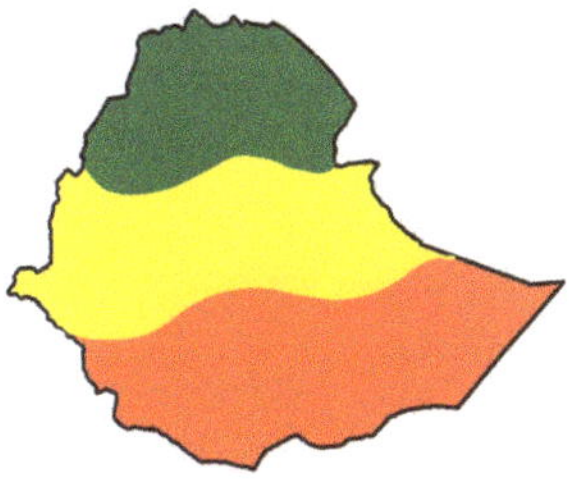

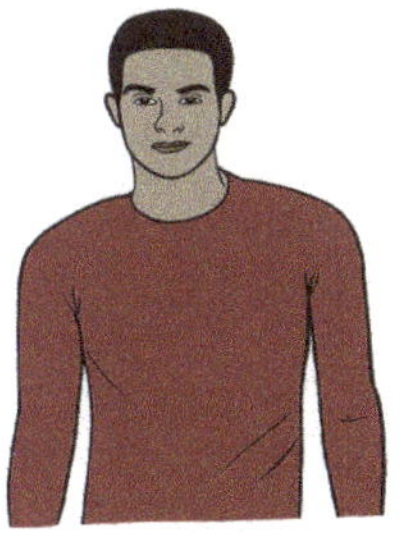

ቀጥሎ የሚመጣውን ፊደል ጻፉ

ኻ ኼ ዑ ____ ዚ ____

ዤ ____ ያ ____ ዷ ____

ጆ ____ ጉ ____ ጥ ____

ጨ ____ አ ____ ከ ____

ነጠብጣቦቹን ተከትላችሁ ፊደል ጸን መጻፍ ተለማመዱ

ጸ

ጸ ጹ ጺ ጻ ጼ ጽ ጾ

tse tsoo tsee tsa tsey tsiy tso

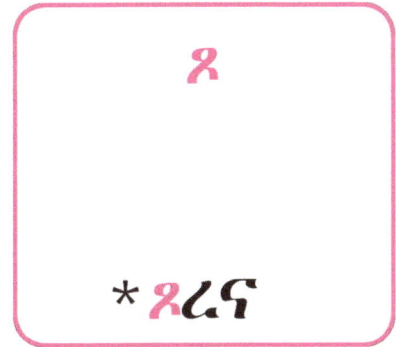

ጸ ጸጉር

ጹ ንጹህ

ጺ

*ጎህጺዮን

ጻ ጻፈ

ጼ አጼ

ጽ ጽጌረዳ

ጾ

*ጾረና

* የከተማ ስም

ጱ ጵ	ጳ ጻ	ጴ ጬ
ኢትዮ_ጱ_ያ	__ፈ	አ__
ጅ ጭ	ጲ ጪ	ጁ ጯ
__ጌረዳ	ላ__ስ	ን__ህ
ጰ ጸ	ጴ ጬ	ጰ ጸ
__ጉር	ጠረ__ዛ	____ስ

ነጠብጣቦቹን ተከትላችሁ ፊደል ጸን መጻፍ ተለማመዱ

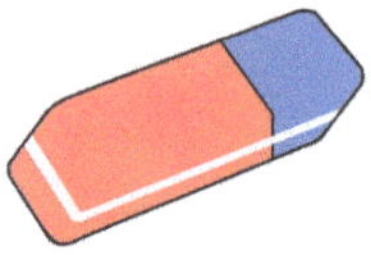

ጸ ጸ ጸ ጸ ጸ ጸ ጸ ጸ

ጸ ጸ ጸ ጸ ጸ ጸ ጸ ጸ

ጸ ጸ ጸ ጸ ጸ ጸ ጸ ጸ

ፀ

ፀ ፁ ፂ ፃ ፄ ፅ ፆ

tse tsoo tsee tsa tsey tsiy tso

ፀ ፀሐይ

ፁ ንፁህ

ፂ ፂም

ፃ ፃፊ

ፄ አፄ

ፅ መፅሐፍ

ፆ

ፆመ

ከተዘረዘሩት ቃላት ውስጥ የስዕሎቹን መጠሪያ ፈልጋችሁ በባዶው ቦታ ላይ ጻፉ

____

____

____

____

____

____

____

____

____

____

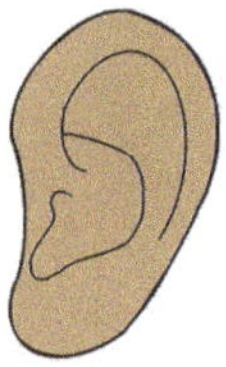

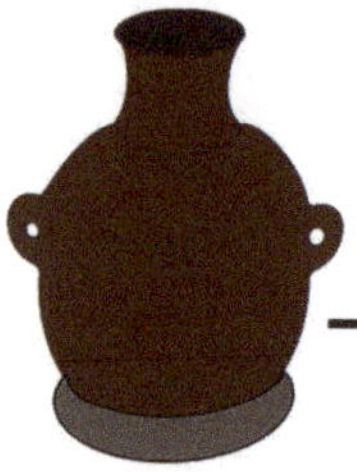

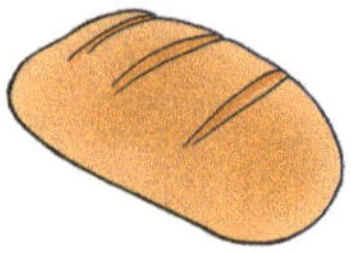

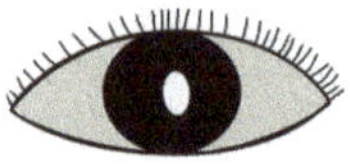

ብፁ
ጆሮ
ጎማ
ጠፈር
ዳቦ
ጋን
ጪስ
ጭራ
ዓይን
ገመድ

ነጠብጣቦቹን ተከትላችሁ ፊደል ፀን መጻፍ ተለማመዱ

ፀ ፁ ፂ ፃ ፄ ፅ ፆ

ፀ ፁ ፂ ፃ ፄ ፅ ፆ

ፀ ፁ ፂ ፃ ፄ ፅ ፆ

ፈ

ፈ ፉ ፊ ፋ ፌ ፍ ፎ

fe foo fee fa fey fiy fo

ፈ ፈረስ

ፉ ፉርኖ

ፊ ፊኛ

ፋ ፋኖስ

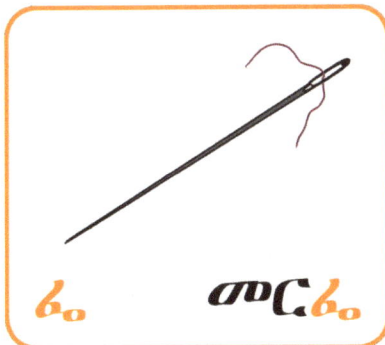

ፌ መርፌ

ፍ ፍራፍሬ

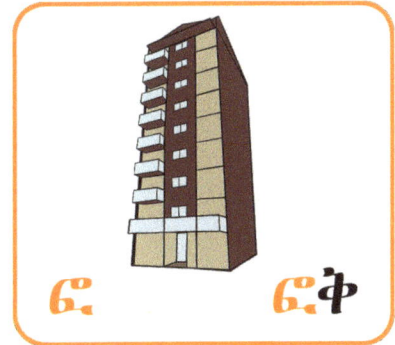

ፎ ፎቅ

የጎደለውን የፈ ዝርያ ፊደል በባዶው ቦታ ላይ ጻፉ

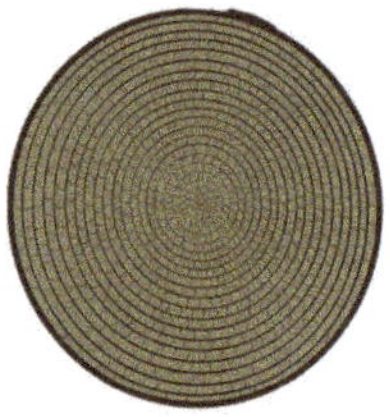

ሠ_ፌ_ድ

መር___

ሦ___

መክ___ቻ

___ሊጶስ

ሱ___

ቶ___

___ንጃል

ፃ___

___ኛ

___ኖስ

___ርኖ

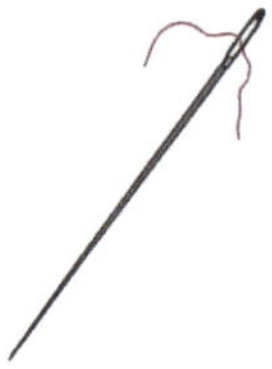

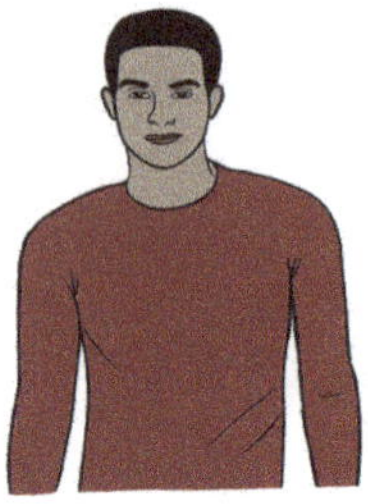

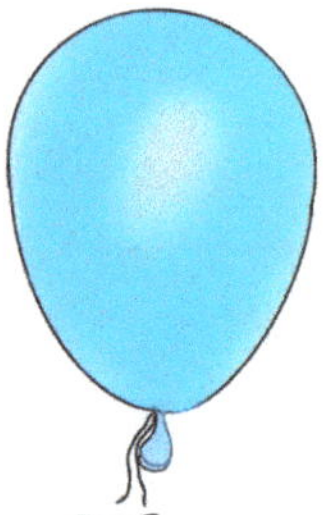

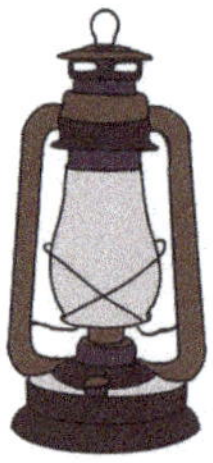

ነጠብጣቦቹን ተከትላችሁ ፊደል ፈን መጻፍ ተለማመዱ

ፈ ፉ ፊ ፋ ፌ ፍ ፎ

ፈ ፉ ፊ ፋ ፌ ፍ ፎ

ፈ ፉ ፊ ፋ ፌ ፍ ፎ

ፐ

ፐ ፑ ፒ ፓ ፔ ፕ ፖ

pe poo pee pa pey piy po

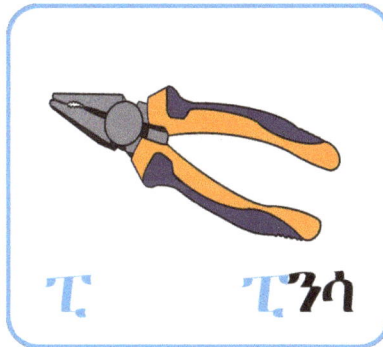

*ፐ

*ፑ

ፒ ፒንሳ

ፓ ፓፓያ

ፔ ፔርሙዝ

ፕ አውሮፕላን

ፖ ፖስታ

* ቃል ያልተገኘለት ፊደል

ተመሳሳይ ድምጽ ያላቸውን ፊደሎች አዛምዱ

አ	ዒ	ፃ	ጸ
ኣ	ዕ	ፅ	ጹ
ኦ	ዐ	ፀ	ጺ
ኡ	ዔ	ፆ	ጻ
ኢ	ዑ	ፁ	ጼ
ኤ	ዖ	ፄ	ጽ
እ	ዓ	ፂ	ጾ

ነጠብጣቦቹን ተከትላችሁ ፊደል ፐን መጻፍ ተለማመዱ

ቨ

ቨ ቩ ቪ ቫ ቬ ቭ ቮ
ve voo vee va vey viy vo

ቨ

ቩ

ቪ   ቴሌቪዥን

ቫ   ቫዮሊን

ቬ

ቭ

ቮ   አቮካዶ

የስዕሎቹን ትክክለኛ መጠሪያ አክብቡ

ፖስታ
ዓይን

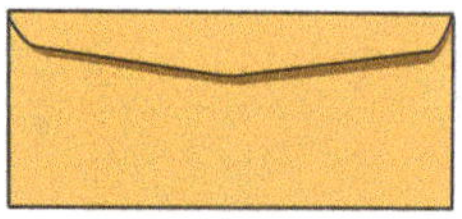

መነጽር
ቁልፍ

ዙፋን
አቮካዶ

ዉሻ
ውሀ

መለዮ
ፍራፍሬ

ወንበር
ሙዳይ

ፀሐይ
ጀበና

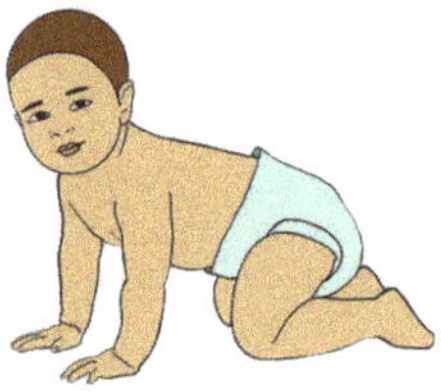

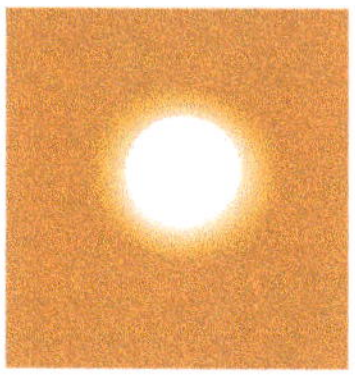

ዳዴ
ላጲስ

ኃይቅ
ላጲስ

ሻማ
ቃርያ

ክብሪት
ጫማ

ከበሮ
መኻል

ነጠብጣቦቹን ተከትላችሁ ፊደል ቨን መጻፍ ተለማመዱ

ቨ ቩ ቪ ቫ ቬ ቭ ቮ

ቨ ቩ ቪ ቫ ቬ ቭ ቮ

ቨ ቩ ቪ ቫ ቬ ቭ ቮ

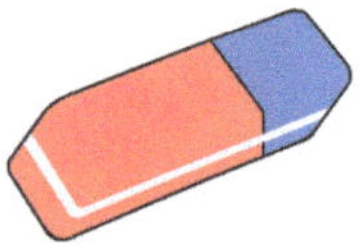

CPSIA information can be obtained
at www.ICGtesting.com
Printed in the USA
LVHW072051260822
726956LV00019B/499

9 781087 894287